AF373386

Un

Deux

3

Trois

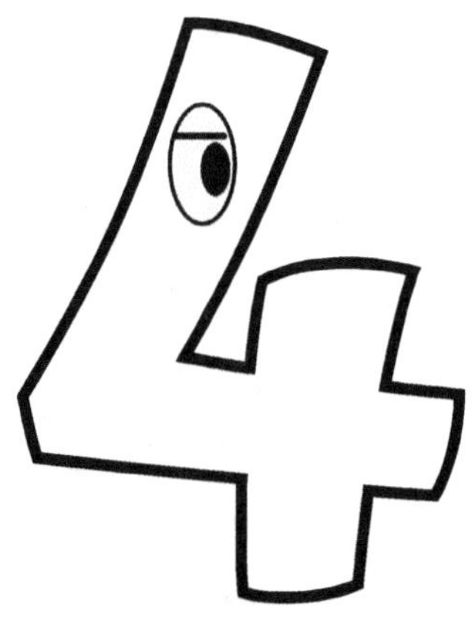

Quatre

5

Cinq

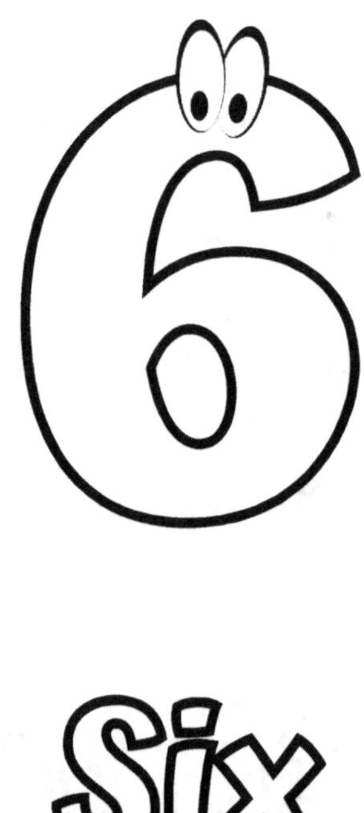

Six

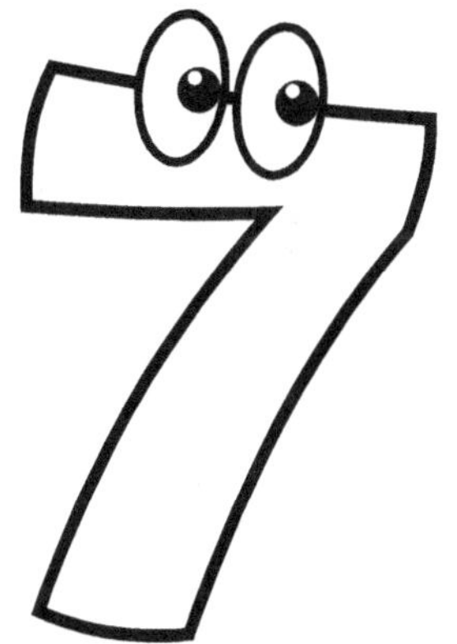

Sept

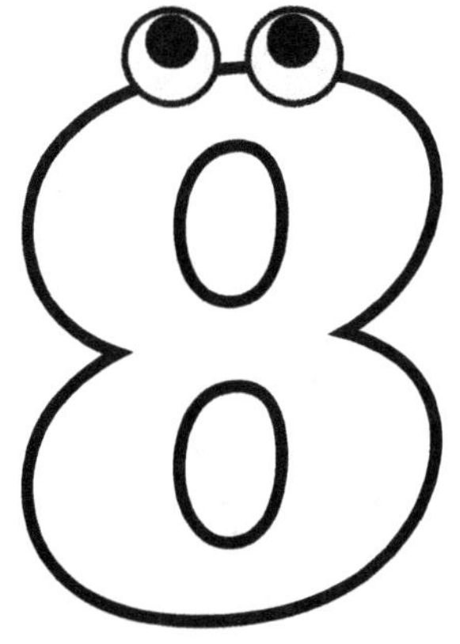

Huit

Neuf

Dix

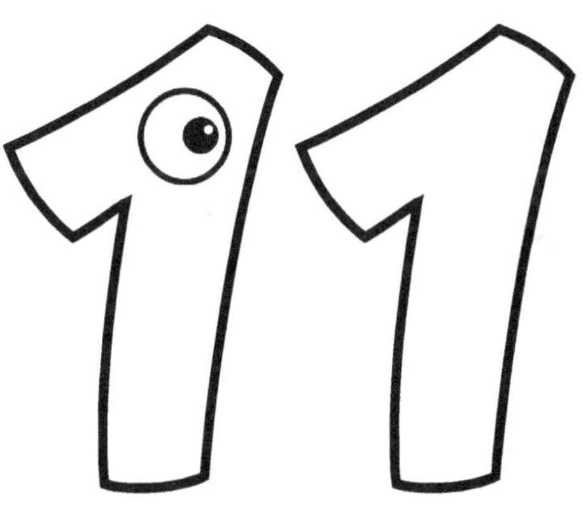

Onze

Douze

13

Treize

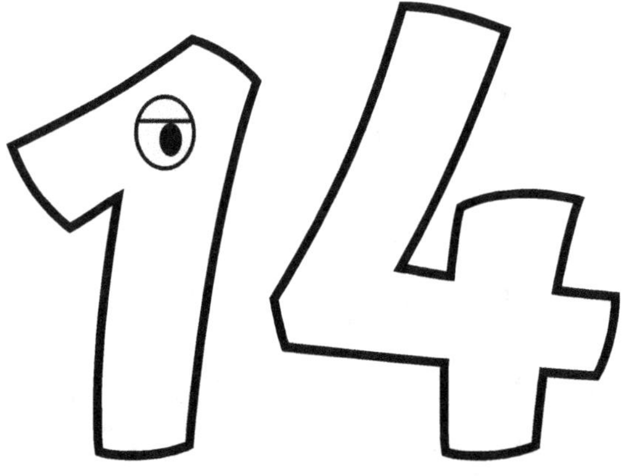

Quatorze

15

Quinze

16

Seize

17

Dix-sept

Dix-huit

Dix-neuf

20

Vingt

21

Vingt et un

22

Vingt-deux

23

Vingt-trois

24

Vingt-quatre

25

Vingt-cinq

26

Vingt-six

27

Vingt-sept

28

Vingt-huit

29

Vingt-neuf

30

Trente

31

Trente et un

32

Trente-deux

33

Trente-trois

34

Trente-quatre

35

Trente-cinq

36

Trente-six

37

Trente-sept

38

Trente-huit

39

Trente-neuf

Quarante

Quarante et un

42

Quarante-deux

Quarante-trois

Quarante-quatre

Quarante-cinq

Quarante-six

Quarante-sept

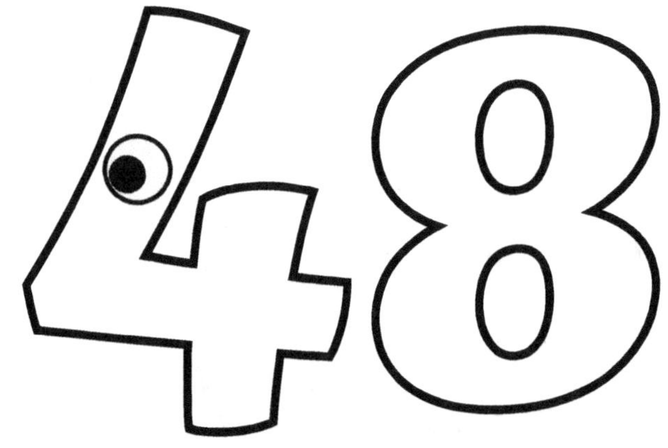

Quarante-huit

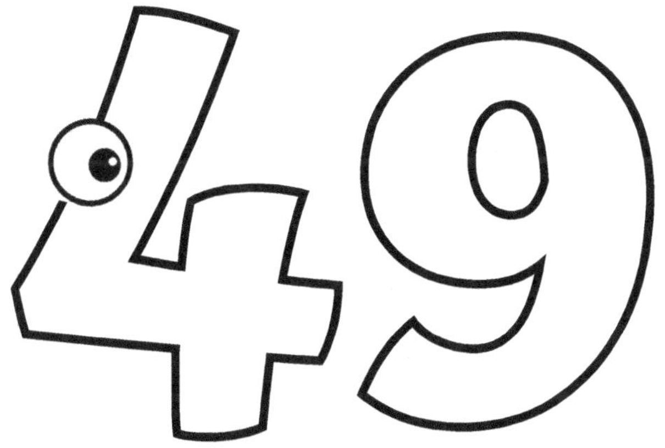

Quarante-neuf

50

Cinquante

51

Cinquante

et un

52

Cinquante-
deux

53

Cinquante-trois

54

Cinquante-quatre

55

Cinquante-cinq

56

Cinquante-
six

57

Cinquante-
sept

58

Cinquante-huit

59

Cinquante-
neuf

60

Soixante

Soixante et un

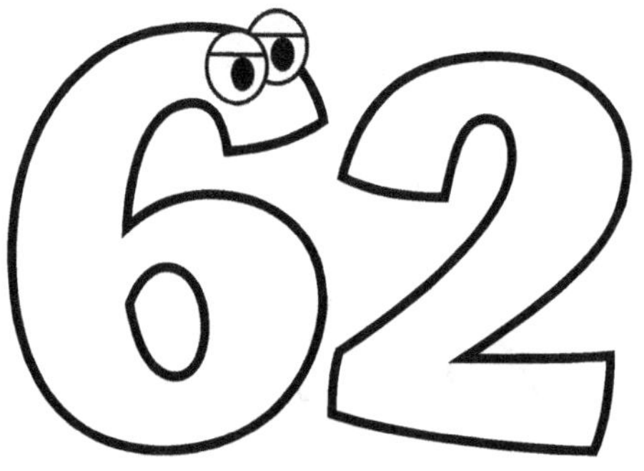

62

Soixante-deux

63

Soixante-trois

Soixante-quatre

65

Soixante-cinq

66

Soixante-six

Soixante-sept

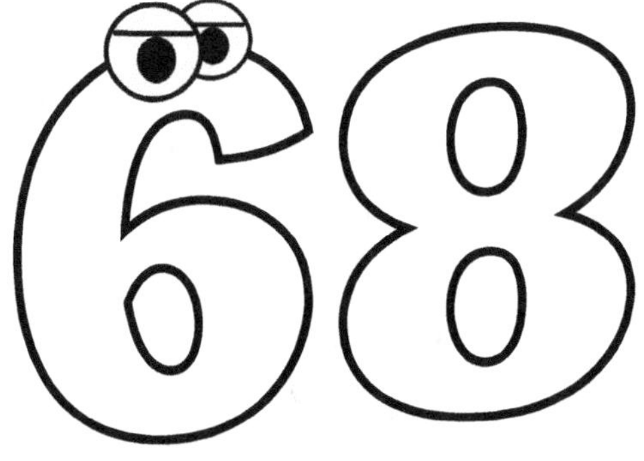

Soixante-huit

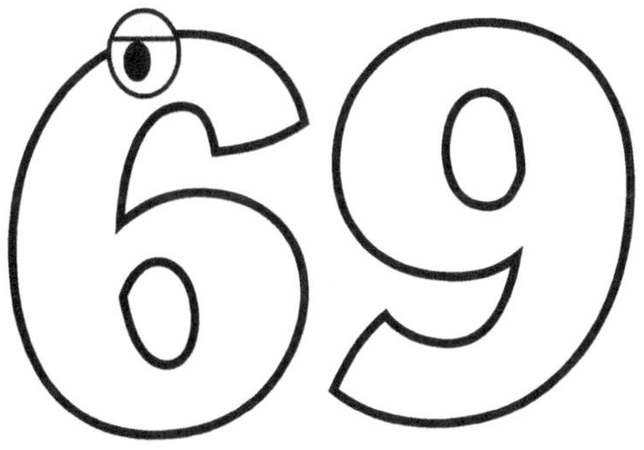

Soixante-neuf

Soixante-dix

Soixante et onze

72

Soixante-
douze

73

Soixante-
treize

Soixante-quatorze

75

Soixante-quinze

76

Soixante-seize

Soixante-dix-sept

Soixante-dix-huit

Soixante-dix-neuf

Quatre-vingts

81

Quatre-vingt-un

82

Quatre-vingt-
deux

83

Quatre-vingt-trois

Quatre-vingt-quatre

85

Quatre-vingt-cinq

Quatre-vingt-six

87

Quatre-vingt-
sept

Quatre-vingt-huit

89

Quatre-vingt-neuf

Quatre-vingt-dix

91

Quatre-vingt-
onze

92

Quatre-vingt-douze

93

Quatre-vingt-treize

94

Quatre-vingt-quatorze

95

Quatre-vingt-quinze

96

Quatre-vingt-seize

Quatre-vingt-dix-sept

Quatre-vingt-dix-huit

Quatre-vingt-dix-neuf

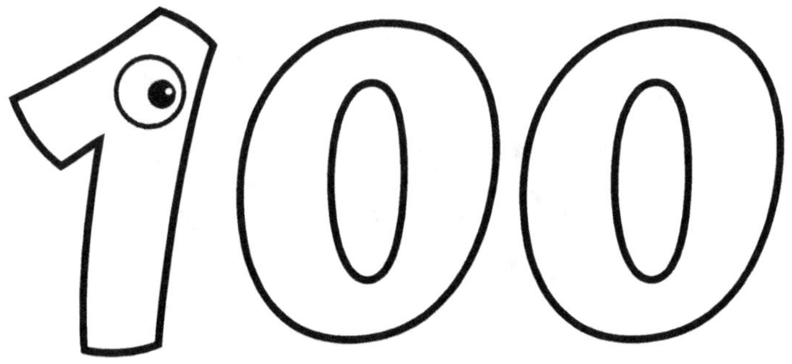
100
Cent

www.ingramcontent.com/pod-product-compliance
Lightning Source LLC
Chambersburg PA
CBHW071220130726
47998CB00002B/789